윤월심 제3시집

백양사의 봄

윤월심

윤월심

(전)사단법인 문학애
수석 부회장
(전) 문학애 이사
문학애 공로패 수상
불교 대학원 졸업

저서 :
풍경소리 1집
무등산의 가을 2집

공저 :
커피 시인 윤보영 시인과 [바람이 분다]

윤월심 제3시집
백양사의 봄

초판 인쇄일 2025년 10월 1일
초판 발행일 2025년 10월 1일

지은이 윤월심
펴낸이 장문정
펴낸곳 도서출판 그림책
디자인 이정순 / 정해경
출판등록 제2010-000001
주소 경기도 수원시 영통구 이의동 웰빙타운로 70
연락처 TEL 070-4105-8439 (010)2676-9912
E-mail : khbang21@naver.com

Copyright C 도서출판 그림책. All rights reserved.

이 책의 글과 그림의 저작권은 지은이가 가지고 있습니다.
이 책의 일부 또는 전체에 대한 무단 복제 및 전재를 금합니다.
저자와의 합의에 의해 검인지는 생략합니다.
도서 가격은 뒤표지에 있습니다.
※ 잘못된 책은 바꿔 드립니다.
Published by 도서출판 그림책 Co. Ltd. Printed in Korea

백양사의 봄

윤월심

시인의 말

시집을 내기 위해
여기 숨 고르며 앉아있는
나여 얼마나 고되게 살아왔는가

새벽에 일어나 기도하고
매일 일기 쓰듯이 시를 썼다

있는 그대로 좀 더
솔직해진 모습으로
또 한 권의 시집을 묶었다

나의 삶 나의 시여
어디 가서든 사랑받거라

윤월심 제3시집

백양사의 봄

시인의 말…4

병실 안에 카페…12
이별…13
유채꽃…14
찔레꽃…15
금계국…16
좋은 말에는 꽃이 핀답니다…17
자연에게 인생을 배운다…18
초파일…19
5월의 그리움…20
그 청년…21
내 동생…22
세월…23
봄 산…24
부부…25
영취산 진달래…26
제비꽃…27
봄…28
송광사…29
산수유…30

춘분…31
엄마의 봄…32
눈 내리는 삼월…33
어머니 당신이 그리운 밤입니다…34
아가야…35
목련꽃…36
나는 시인이라고 불린다…37
봄꽃…38
산벚꽃…39
벚꽃길 …40
봄이 오는 소리…41
논둑길…42
노년의 행복…43
어머니의 사랑…44
가마솥…45
철쭉꽃…46
경칩…47
행복…48
봄비…49
우수…50
산사의 아침…51
기도…52
추억 속 여행…53
정월 대보름달 보며…54
대설 특보…55
새해 첫날…56
공수래공수거…57

인생길…58
사람은 누구나 늙는다…59
막걸리 한 잔…60
입춘…61
카페에서…62
고향 집…63
겨울 편지…64
함박눈…65
철쭉…66
동지…67
겨울밤…68
별을 보며…69
산다는 건…70
산에서 살고 싶다…71
눈 내리는 산골 마을…72
쓸쓸한 거리…73
경주 여행…74
지는 것도 아름답다…75
꽃처럼…76
입동…77
고향 마을 어귀에 서면…78
만추의 늦가을 풍경…79
가을비…80
삶의 집착…81
운림 산방…82
추모의 글…83
늦가을 풍경…84

자괴감…85
억새꽃…86
초 가을…87
황톳길…88
가을 타는 여자…89
가을 밤…90
가을비…91
고향 집에서…92
도라지꽃…93
김밥…94
옛 친구…95
고추잠자리…96
잠시 쉬었다 가세요…97
빈 의자…98
지리산 아침 풍경…99
하늘 …100
공격적인 사람…101
보름달 보며…102
처서…103
시를 쓰자…104
내 사랑은…105
외로움…106
구월을 기다리며…107
삶이란…108
마라도…109
이별…110
태풍 …111

가을이 오고 있다…112
석굴암…113
청풍호…114
입추 …115
말복…116
팔월의 뜨락…117
무소유…118
칠월의 단상…119
파도를 보며…120
여수 여행…121
엄마 우리 여행 가요…122
시골 길…123
농부의 삶…124
구절초…125
무더위…126
그 섬에 간다…127
고향 집에서…128

백양사의 봄

윤월심

병실 안에 카페

병실 안에 은은한
블루 커튼이
장식되어 있다

창가엔 향기로운
예쁜 생화 꽃이
가지런히 놓여있고,

아침이면 감미로운
음악과 물소리가 흐르는
나는 병실 안의 카페에서
생활하고 있다

이별

점점 병마로
야위어 가는
당신을 바라보며,

나는 울다가 울다가 지쳐
당신과 이별을 준비해야 하나요

사랑하는 사람이여,
나의 정성으로 5년만
더 살다가 가시오

아기처럼 나를 사랑으로
보살피던 당신을
어찌 떠나보내고
살아갈 수 있단 말이오

유채꽃

산방산의 웅장한 절벽과
황금빛 샛노란 물결이
어우러져 그림 같다

따사로운 봄 햇살 아래
끝없이 펼쳐진
유채꽃이 반겨주니
아름다움에 취해
감탄사가 절로 나온다

이국적인 풍경 속에
꽃길 따라 걷노라니
마음마저 여유로워진다

찔레꽃

어린 시절 학교 마치고
집으로 가는 길에

야산에 하얗게 핀 작은 꽃들이
무더기로 피어나

소박하고 은은한 향기가
매력적인 찔레꽃

친구들과 새순 꺾다가
가시에 찔리면서
맛있게 먹었던 추억들이
아련하게 떠오릅니다

금계국

6월의 맑은 하늘 아래
황금빛으로 물든 금계국

무리 지어 피어나는 들판에
샛노란 물결,
그 자체만으로도 힐링이 된다

꽃향기 맡으며
사부작사부작 걸으며
아름다운 추억 사진 남긴다

좋은 말에는 꽃이 핀답니다

늘 좋은 말을 건네세요

듣는 이들의 마음에
화사한 꽃이 피어납니다

위로의 말, 칭찬의 말,
다정한 말, 따뜻한 말

서로에게 향기가 나고
좋은 사람들과 나누는
말에는 꽃이 피어납니다

자연에게 인생을 배운다

꽃들이 아름답게 피어나
즐거움을 선물해 주더니
비가 내린 후 꽃이 지고 말더라

아무리 젊고 싱싱하고
예쁘고 잘생긴 청춘도
잠시 잠깐이더라

미련 없이 꽃을 떨궈내고
다음을 준비하는
자연의 흐름을 보며
우리 인생을 배운다

초파일

호국 관음사에 갔다가
연등 걸었습니다

남편과 두 아들
이름도 적었습니다

무릎 수술을 앞두고
자비하신 부처님 바라보니
내 마음에 편안함을 주었습니다

5월의 그리움

오월의 하늘을
가만히 올려다보아요
찬란한 햇살의 눈부신

나뭇잎들 살랑이는
바람결 춤사위로
흥겨운 노래 들려요

주저리주저리 핀
아카시아 꽃잎,
보리밭 물결 헤치며
친구들과 까르르 웃어대던
그 옛날이 그리워져요

그 청년

아카시아꽃 흐드러지게 핀
오월 어느 일요일 날
거리를 걷고 있는데

자전거를 탔던 청년이
"아가씨, 데이트나 합시다"
하며 말을 건넨다

"저 애인 만나러 가요"
하고 쏘아붙여 버렸다

그 후 비 맞고
시장에 다녀오는데
그 청년이 우산을 씌워주었다

가끔 추억 여행을 떠나
그 청년 잘 살고 있는지
안부가 궁금하다

내 동생

친정아버지가 위암으로
병원에 입원하셔서
어머니도 간호하러 가셨다

코스모스처럼 가녀린 내 동생
중학교 다니면서
살림을 야무지게 했다

지금은 사업가로 변신,
회사 경영하는 걸 보면
자그마한 체구에
어디서 저런 에너지가 나는지
깜짝 놀란다

세월

강물같이 흘러가버린
세월 앞에
나이만 들어간다

때론 꽃잎 지던
정원 의자에 앉아
눈물도 나겠지만,

세월이 준 계급장
훈장으로 생각하고
건강 보따리 챙기면서
행복하게 살아가자

봄 산

예쁘게 수놓은 봄 산
겹겹이 둘러앉아
봄을 꼭 안았다

연둣빛 새 옷 갈아입고
연분홍 진달래꽃 피고,
산새들은 지지배배 노래한다

산들산들 솔바람이
능선 따라 춤추고
기지개 켠 나무들
하늘을 찌를 듯하다

부부

잔소리만 들리던
남편의 목소리도 살다 보니
사랑이란 걸 알았다

저물어 가는 인생길
남편의 코골이로
서로 각방을 쓰지만,

조금씩 닮아가며
사는 그날까지
서로에게 따뜻한 사랑이 되리라

영취산 진달래

산하에 울긋불긋
꽃대궐 이루는 영취산 진달래

물감을 쏟아부은 듯
사방이 진분홍빛으로 물들었다

봄바람에 실려온 꽃향기에
한껏 취하고,
분홍빛 꽃물결 일렁이면
내 마음도 고운 빛으로 물든다

제비꽃

봄바람 부는 길가에
정겹게 오손도손
피어있는 제비꽃

허리를 낮추고
가만히 들여다보니,

올망졸망 예쁘게 피어
방긋방긋 웃고 있다

저 가녀리고 앙증맞은 자태,
저 아련하고 우아한 보랏빛

봄

봄 햇살 반짝반짝 비추면
땅속에 새싹들 꼬물꼬물 나오고
나무들 두 팔 벌려 기지개 켠다

봄꽃들 팝콘처럼 팡팡 터지면
개나리 후다닥 노란 불 켜고
연분홍 진달래 온 산천 물들인다

벚꽃 살랑살랑 꽃비 뿌리면
연둣빛 바람 온몸을 간지럽힌다

송광사

연꽃 모양의 산봉우리마다
조계산이 감싸안고,

고즈넉한 천년고찰 송광사,
오랜 세월을 품고
고요 속에 역사가 흐른다

소나무들 푸르고
하늘마저 눈부시도록
아름다운 이 풍경

스님들 염불 소리
가만히 듣고 있으니
마음이 편안해진다

산수유

설렘 가득한 봄,
눈부신 햇살 속에
노랗게 핀 산수유 꽃이
방실방실 웃는
어여쁜 새아씨로다

돌담길 이어지는 길목마다,
개울가 울타리 나뭇가지마다
주저리주저리 매달린 산수유꽃

춘분

어수선한 세상 속에서도
세월은 흐르고 흘러
절기는 다가오고,

나뭇잎과 꽃잎들
배시시 눈뜨고,
개울물은 졸졸 흘러
봄을 싣고 온다

처마 밑 강남제비 다가와
귓가에 속삭인다
"낮과 밤의 길이가 같은
오늘이 춘분이래요"

엄마의 봄

봄처럼 아름답고
꽃처럼 고왔던 엄마

세월이 흘러
엄마의 모습 희미해져도
봄이 오면 엄마가 그리워진다

엄마와 둘이서
텃밭에서 나물 캐며
까르르 해맑게 웃던

그 웃음소리 바람에 실려와
옛 추억이 수채화처럼 번져간다

눈 내리는 삼월

봄이 왔다고 했는데
삼월 중순 하늘에
폭설이 쏟아지고 있다

겨울이 봄을 시샘하듯
꽃망울 터뜨린
새싹들 위협하듯
눈송이가 휘날린다

하지만 봄도 만만치 않다
우산을 쓰고 학교 가는 학생들
어깨 위에 내리는 눈도
힘을 잃고 녹아내린다

어머니 당신이 그리운 밤입니다

어머니, 당신이 그리운 밤입니다
온몸이 으스러지게 일해도
어머니는 자식을 위해
당연한 것이라고 생각했습니다

꽃 같은 나이에 홀로되어
자식들만 바라보고 사셨던
어머니 모습에
눈시울이 붉어지는 밤입니다

코스모스같이 가녀린 손이
나무껍질처럼 갈라진
어머니의 손을 보면서
당연한 것처럼 여겼던
철없는 딸을 용서하소서

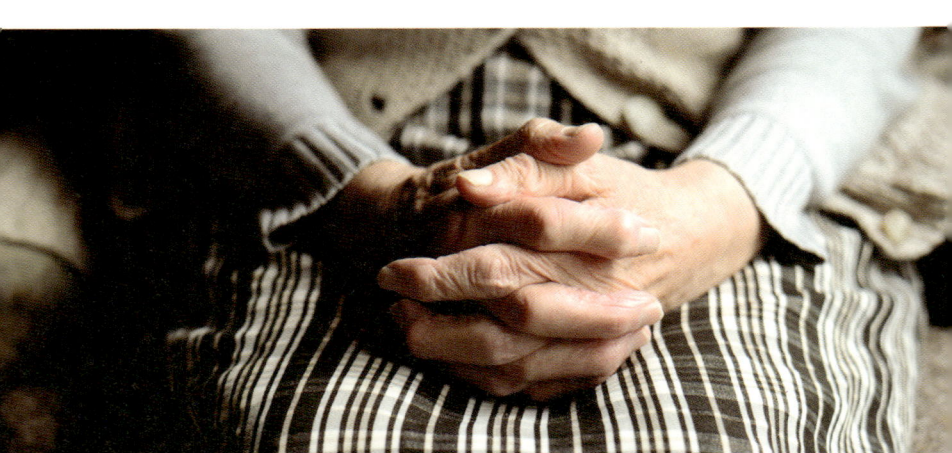

아가야

해맑은 미소로
방실방실 웃는 모습만 봐도
내 하루는 꽃잎처럼
가볍고 사랑스럽다

누구를 좋아한다는 것이
이유가 있어야 할까

아무런 조건 없이
그냥 보기만 해도 좋다

호수같이 맑고 깨끗한 아가야,
이 세상 무엇과도
바꿀 수 없는 보석이란다

목련꽃

고즈넉한 골목길 따라
나뭇가지마다
하얀 꽃잎이 피어나네

바람 끝에 향기 실려
하늘과 땅 위에
새하얀 꽃등이
불 밝히듯 피어오르네

나는 시인이라고 불린다

나는 시인이라고 불린다
시는 나의 양식이었고
시는 나의 생명이었다

시는 나의 아름다움이었고
시는 나의 삶의 희망이었다

나는 오늘도 밥이 되지 않은
시를 쓰며 행복해한다

봄꽃

바야흐로 꽃철이다
각양각색의 꽃들이
세상에 수놓더라

하얀 매화와 목련,
노란 산수유와 개나리,
분홍 진달래와 벚꽃이
연둣빛 잎과 어우러져
봄을 아름답게 만들고 있더라

길을 거닐다 꽃을 보고 있노라면
싱그러움과 맑은 향기에
흠뻑 취하기도 하더라

산벚꽃

매년 이맘때면
어김없이 하얀 눈꽃처럼
피고 지는 백양사 산벚꽃

산자락마다 꽃구름 피고,
연둣빛 신록 사이사이에
하얀 신부처럼 산벚꽃이
뭉실뭉실 구름처럼 피어난다

봄날의 백양사는 하얗다
물감처럼 연둣빛 붓으로 찍은 듯
꽃구름이 콕콕 박혀있다

벚꽃길

팝콘같이 피어나는
벚꽃길 걷는다

초등학교 친구들과
행복한 마음으로
사뿐사뿐 걷는다

다정하게 얘기 나누며
방긋방긋 미소 지으며

육학년 6반 내 나이에
이런 날이 내 인생에
몇 번이나 찾아오려나

봄이 오는 소리

겨울 땅속에서
죽은 듯이 있던
식물들이 오물오물 싹트며
살금살금 다가오는 봄

봄은 변화무쌍하다
봄은 신비롭기만 하다

생명들 아우성치는 소리,
개구리 뛰어나오는 소리,
꽃망울 툭툭 터뜨리는 소리

논둑길

흰 구름 흘러가는
파란 하늘 바라보니
어릴 적 뛰놀던
논둑길이 그리워진다

해가 지고 개구리들의
합창은 마치 자연이
연주하는 교향곡 같았다

작은 개구리 하나하나가
제각기 소리를 내면서도
함께 어우러져 밤을 가득 채웠다

노년의 행복

노년이 되면
누구나 서글프고 외롭다

하루 종일 방 안에
덩그러니 앉아 있으면
외로움과 쓸쓸함이 밀려온다

세 끼 챙겨 먹는 것도 일이고
도란도란 얘기 나눌
친구가 그립다

그러나 나는
흘러가는 저 구름 바라보며
노래 부르며 시를 지으며
아름답게 늙어가리라

어머니의 사랑

어머니의 사랑은
하늘보다 높고
바다보다 깊다
자신의 모든 걸 주고
또 주었으리라

자식들의 성공을
바라는 마음으로
지극 정성으로
간절히 기도하셨으리라

가마솥

투박하고 덩치 큰
무쇠 솥단지

세월의 먼지 잔뜩 덮어쓴 채
오늘도 하염없이 앉아 있다

지나간 시절
그 숱한 시간 동안

많은 식구들과
많은 손님들에게
김이 모락모락 나는
따뜻한 밥을 먹게 하였으리라

철쭉꽃

철썩철썩
파도 소리 들려오는
외로운 섬

바위틈에 핀
붉은 철쭉꽃
멀리서 뱃고동 소리 울리면

보고픈 님 오시려나
얼굴만 빨갛게 붉히네

경칩

꽁꽁 얼었던 일곱 뒷산에
시냇물이 긴긴 잠에서 깨어나
구불구불한 마을 앞을 들아 흐른다

뽀얀 버들강아지
송이송이 피어나고
나뭇가지마다
단물이 차오르고,

푸른 새싹들이
아우성하며
대지를 깨운다

행복

문득 가슴이 따뜻해질 때가 있다
가족들과 오손도손 모여
산다는 게 얼마나 행복한 일인가

아침에 출근해서
저녁에 반가운 얼굴로
함께 식사할 수 있다는 게
얼마나 큰 행복이고
복받은 일인가

봄비

메마른 대지 위에
자박자박 봄비가 내립니다

청아한 빗소리,
아름다운 선율로
토닥토닥 연주합니다

울타리에 기댄
개나리 노란 웃음 머금고,
분홍빛 진달래
함박웃음 터뜨립니다

우수

겨울의 끝자락에서
봄이 오는 소리가 들리는 우수(雨水)

대지가 서서히 풀리고
복수초 피고
버들강아지 눈뜬다

햇살 아래 얼어붙은
땅을 비집고 꼬물거리며
솟아나는 새싹들
만물을 일깨워 일어나라 외친다

산사의 아침

삼각산 자락에 자리한
호국 관음사
간간이 들려오는
목탁 소리, 풍경 소리

숲속에서 지저귀는
산새들 노랫소리
바람에 흔들리는
나무들의 속삭임 소리

하늘은 변화무쌍한
자연을 통해
자기의 모습을 드러내고,
천만 가지 소리를 통해
자신의 목소리 전한다

기도

아침에 눈 뜨면 천수경 독송,
관세음보살 정근하며
업장이 소멸하길,
우리들 마음이
허공같이 깨끗하길

모든 중생들이 행복하시길,
나와 인연이 깊은 중생들이
모두 건강하시길 기도합니다

추억 속 여행

가끔은 추억 속으로
여행을 떠난다

서울에서 직장에 다닐 때
삼총사 친구들과 배낭을 메고

토요일 완행열차 타고
충북 속리산, 영암 월출산에
다니던 그때가 그리워진다

세월은 흐르고 흘러
내 나이 벌써
육십 중반으로 달리는데
더욱더 생각나는
그리운 친구들이여

정월 대보름달 보며

아파트 베란다
창문 사이로
정월 대보름 달이
내 얼굴을 보며
환하게 웃고 있다

넉넉하고 풍요로운
정월 대보름 달님이시여,
이 나라가 안정되게 하시고
모두가 평온하게 하시고
행복하게 하소서

대설 특보

대설 특보가 내려져
일주일째 눈과
사투를 벌이고 있다

강풍과 폭설로
하늘길도 바닷길도 모두 막혔다

산간 마을은 눈으로 온통 덮여
들어가지도 나오지도 못하고
고립된 상태다

새해 첫날

새해 첫날,
설 연휴 기간 동안
대설 강추위로
하늘도 땅도 세상이 하얗다

눈 속 깊숙이 내딛는 한 발 한 발,
어린아이 걸음처럼
아장아장 힘겹다

을사년 새해에는 대설처럼
큰 가르침 얻어,
아침 등불처럼 큰 지혜 얻는다

공수래공수거

덧없는 인생사
좋은 시절이 있으면
나쁜 시절도 있다

아무리 재물을 탐하고
권력을 좇아도
한순간에 사라지니
아등바등 살지 말아라

공수래공수거
빈손으로 와서
빈손으로 가지 않던가

인생길

인생길 가파른
오르막길이 있으면
평탄한 내리막길도 있더라

눈물 같은 소주 마시며
슬픔과 벗 삼아
뚜벅뚜벅 걸어가다 보니
기쁜 일, 행복한 일도 있더라

한 세월 굽어 돌아보니
세월은 저만치 휘이 휘이
강물같이 흘러가더라

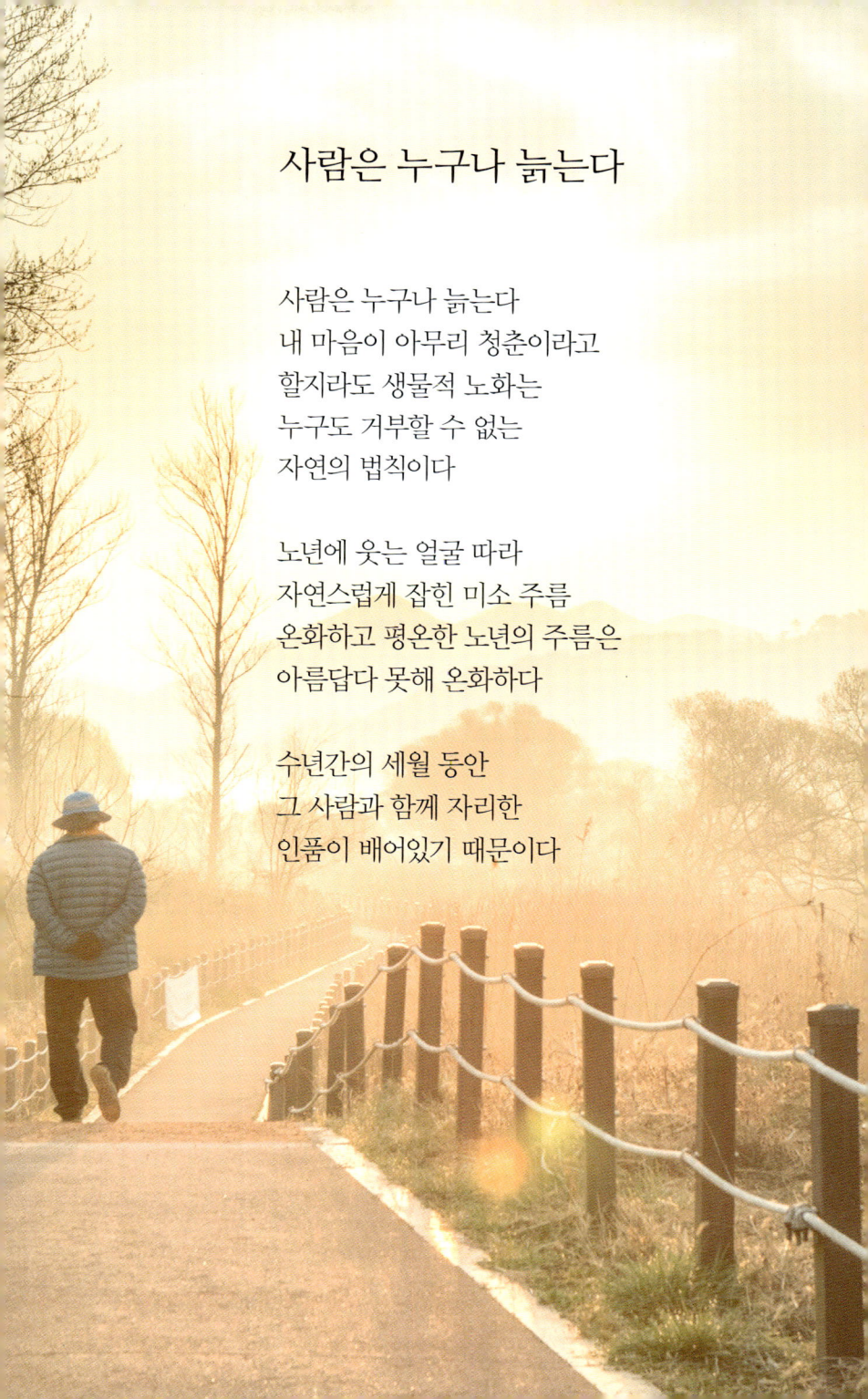

사람은 누구나 늙는다

사람은 누구나 늙는다
내 마음이 아무리 청춘이라고
할지라도 생물적 노화는
누구도 거부할 수 없는
자연의 법칙이다

노년에 웃는 얼굴 따라
자연스럽게 잡힌 미소 주름
온화하고 평온한 노년의 주름은
아름답다 못해 온화하다

수년간의 세월 동안
그 사람과 함께 자리한
인품이 배어있기 때문이다

막걸리 한 잔

어머니 손맛으로 빚어낸
시원하고 텁텁한
막걸리 한 잔

구슬땀 흘리고 마시면
갈증 해소와 스트레스가
한 방에 날아간다

막걸리 한 잔에
젓가락 장단에 노래하니
이 세상이 취해가고,

막걸리 두 잔에
시 한 수 읊조리니
새들도 함께 지저귀구나

입춘

남편과 함께
관음사 절에 다녀오는데,

눈발이 휘날리고
바람결이 차갑다

바위 틈 사이로
밤새 뒤척이던

동백꽃 아씨가
함박웃음 지으며
"입춘이래요!" 하며
봄 노래 부른다

카페에서

온 세상이 하얀 눈으로 덮인 날
우울한 감정 잠시 접어둔다

따뜻한 커피 한 잔 손에 쥐고
카페 창문으로 보이는
눈 내리는 풍경은
그림처럼 아름다운데,

내 마음은 습기를 잔뜩 머금은
눈처럼 슬픔이 무겁다

고향 집

힘들고 지칠 때
세상일 접어두고
고향 집으로 가서 쉬고 싶다

누군가 그리워
하늘을 보노라면
뭉게구름 한 조각
고향 집으로 흘러간다

부엌에서 밥 짓던 어머니,
마당에서 뛰놀던 동생들,
고샅길 눈 쓸던 아버지
주마등처럼 뇌리에 스친다

겨울 편지

일곡 뒷산에
고운 잎 다 떨어지고

앙상한 나뭇가지에
바람만 쌩쌩 붑니다

그대와 둘이서
눈길을 거닐던
지난날 생각하니
눈물이 납니다

함박눈

밤사이 함박눈이
사박사박 소복소복
눈부시게 쌓였다

집 앞 공원 나뭇가지에도,
길 건너 학교 운동장에도,

새하얀 눈꽃 송이가
골고루 나부끼며
세상을 아름답게 그려 놓았다

철쭉

봄바람과 봄 햇살은
따사롭고, 나뭇잎도
푸르름을 더한다

한바탕 꽃잔치 끝나고 난
숲속에 철쭉꽃이
불붙듯이 피어난다

산정상에서 내려다보는
분홍빛 비단 꽃 이불이
산을 포근히 덮는다

동지

열두 달 쉼 없이
달려 오느라
애쓰셨습니다

오늘이 밤이
제일 길다는
동지입니다

가족들과 도란도란
이야기꽃 피우면서
맛있는 팥죽 많이 드시고
일 년 내내 무병장수하소서

겨울밤

싸락눈 쌀밥같이
내리는 겨울밤

화롯불에 오손도손 모여앉아
군고구마 먹던 긴 겨울밤

달빛이 눈 위에 내려앉아
사그락사그락 노래하는 밤

문풍지 우는 소리 들으며
아랫목에 솜이불 하나에
온몸을 녹였던 겨울밤

별을 보며

어린 시절 밤이 되면
동생들과 반짝이는 별을 보며
'너의 별 나의 별' 노래 부르며

고개 아프도록 쏟아지는
별을 바라보며
별처럼 고운 마음으로
살고 싶었다

노년으로 가는 길목에서
공원 벤치에 앉아
밤하늘을 올려본다

어릴 적 보았던 수많은 별들과
은하수들은 다 어디로 갔는가

산다는 건

나무는 가만히 있고자 하나
바람이 가만두지 않는다

산다는 건
천국과 지옥 사이에서
줄다리기를 하는 것이다

우리의 인간 세상은
무대에서 세상과 한판
승부를 벌이며 살아가는 것이다

산에서 살고 싶다

여건이 허락된다면
산에서 살고 싶다

내 마음이 아프든 기분이 좋든
산은 항상 나를 포근히
어머니처럼 안아준다

아름다운 야생꽃, 아름드리나무,
시원한 물과 계곡,
우뚝 선 바위 바라보며
산에서 살고 싶다

눈 내리는 산골 마을

산골 마을에 내린
눈으로 길은 사라지고
인적도 끊겼습니다

눈을 이불 삼아
잠에 푹 빠져들었는지
작은 시골 마을이
고요하고 평화롭습니다

눈은 끝없이 쏟아지고
간간이 개 짖는
소리만 들릴 뿐입니다

쓸쓸한 거리

붉게 물든 나뭇잎들
우수수 떨어져
거리에 낙엽들이 흩날린다

수북이 쌓인
예쁜 단풍잎들 바람에
꽃잎 날리듯 휘날린다

가을 단풍과 잘 어울리는
시구를 생각하며 사각사각
쓸쓸한 거리를 걷는다

경주 여행

첨성대 몽환적인
분홍색 핑크 뮬리와
엄청난 규모의 해바라기 꽃밭이
가슴 벅찬 풍경이었다

꽃만큼 사람들도 많았고,
첨성대 옆 계림도 울창한
천년 숲길에도 단풍이
화려하게 물들어 있다

때마침 선덕여왕
행차도 볼 수 있어서
추억에 남은 경주 여행이었다

지는 것도 아름답다

어찌 피는 것만 아름답더냐
지는 것도 아름답다

찬란하게 빛나던 노을도
우리 인생처럼 아름답게
눈부시게 안고 가지 않던가

마지막 사랑 뜨겁게 불사르고
하늘을 덮은 선홍빛 잎새들
가을을 위로하며 저물지 않던가

하늘의 별도 지는 걸 보지 않는가
새 별이 쉼 없이 태어나
저렇게 총총하게 수놓아
밤하늘이 아름답지 않은가

꽃처럼

일 년 열두 달
다 못 채워도

삼백예순날
날마다 아니어도

꽃처럼 웃고
꽃처럼 말하고
꽃처럼 꿈꾸고
꽃처럼 살다가
꽃처럼 가리라

입동

쌀쌀한 바람이 불어오고
낙엽이 흩날리는 계절,
겨울의 문턱에 들어섰음을
알리는 오늘이 입동

두꺼운 외투로 몸을 감싸고
털 모자도 쓰고 장갑도 끼었다

가을 들판은 텅 비어있고
배추밭 위에 밤새 하얗게 내린
무서리만 햇살에 반짝인다

고향 마을 어귀에 서면

눈이 내리는 겨울밤
고향 마을 어귀에 서면
그야말로 적막강산이로다

이 지구상에
나 혼자만 살아가고 있는
것처럼 적적하고 쓸쓸하다

어린 시절 친구들과
도란도란 이야기꽃 피우며
따끈한 군고구마 먹던
그때가 그리워진다

만추의 늦가을 풍경

들판은 휑하니
기계와 공룡알만 뒹굴고,

노랗게 방실대며 웃던
해바라기는 어정쩡하게 서 있고,

그 화려했던 장미는
매일 내리는 찬 서리에
몇 송이 꽃잎만 버티고 있고,

김장을 앞둔 배추만이
초연히 푸름을 뽐내고 있다

만추의 늦가을 풍경,
쓸쓸하고 스산하다

가을비

가을비가 하염없이
흐르는 눈물처럼
유리창에 흘러내린다

사랑하는 사람 떠나보내고
그리움과 외로움에
몸부림치던 여인이,

밤새도록 눈물이라도
쏟아버리면 위안이 되려나
가을비가 주룩주룩 내린다

삶의 집착

늦가을 바람이 불면
온몸을 파르르 떨며
매달린 나뭇잎들
우수수 떨어진다

단풍들이 하늘을 둥둥
날아다니는 모습 보면서

질기도록 매달리는
삶의 집착도 놓아 버리면
저렇게 자유로울까
깊은 생각에 잠기게 한다

운림 산방

묵향이 그윽한 운림산방,
첨찰산 병풍 삼아
연못과 정원이 어우러져 있다

높은 기개를 상징하는
검은 대나무 돌담 사이에
곧게 자란 오죽은 바람에 흔들려
결국 처마 끝에 기대어 버렸다

하늘에 올라 신선이 되어 볼까,
불법에 귀의하여 부처가 되어 볼까
내 스스로 돌아보며
쓸쓸히 웃으며 오로지
그림만 그렸도다

추모의 글

뭐가 그리 바쁘고 바빠서
나팔꽃처럼 그렇게
허망하게 떠나시나요

연기에 대한 사랑과 열정으로
시청자들 울리고 웃겼던 선생님,
갑작스러운 이별
되돌릴 수 없나요

해맑고 따뜻했던 선생님의 웃음
오래도록 기억하겠습니다

그곳에선 스트레스받지 마시고
편안히 잠드소서

늦가을 풍경

비바람에 추풍낙엽으로
우수수 떨어지는 나뭇잎을
바라보고 있노라면
왠지 늦가을에
쓸쓸한 마음이 든다

엊그제 비가 내리면서
나무들은 옷을 벗고
벌거숭이가 되었다

텅 빈 길 위의 풍경은
단풍도 낙엽도 모두 사라져
내 마음마저 왠지 허전하다

자괴감

하루하루 시간이 갈수록
황당하고 기가 막힌
소식에 정신을 빼앗긴다

모든 것을 외면하고 싶어도
외면할 수 없는 자괴감
자고 일어나 TV를 틀면
막장 드라마보다
더 재미있는 현실

까도 까도 계속 벗겨지지 않는
양파 같은 사건들
앞으로 얼마나 더 벗겨내야
끝이 보이려나

억새꽃

부드러운 능선 따라
물결치는 억새꽃
황금 바다가 펼쳐진다

붉게 물든 노을이
능선을 포근히 감싸 안고
하얀 머리카락 풀어헤친
억새꽃 그 앞을 지나노라면

바람결에 들려오는
사각사각 억새꽃 노래
산야를 울린다

초 가을

부드러운 능선 따라
물결치는 억새꽃
황금 바다가 펼쳐진다

붉게 물든 노을이
능선을 포근히 감싸 안고
하얀 머리카락 풀어헤친
억새꽃 그 앞을 지나노라면,

바람결에 들려오는
사각사각 억새꽃 노래
산야를 울린다

황톳길

새소리 들리는
호젓한 황톳길 걷는다

오후에 비가 온다더니
하늘에 먹구름이 가득하고
숲에도 비 내음이 담겨 있다

이제 가을인가
그토록 목놓아 울던
매미도 잠잠하고
귀뚜라미 울음소리 들린다

비를 맞으며 맨발로
황톳길 밟는 감각이 좋다

가을 타는 여자

만삭된 가을, 그리움에
마음마저 싱숭생숭하다

이유 없이 우울해지고
사람들과 어울려도
외롭고 어디론가 훌쩍
떠나고 싶은 마음이 든다

식욕은 미친 듯 샘솟고
떨어지는 낙엽만 봐도
슬프고 눈물이 난다

가을 밤

새벽 세 시 잠에서 깼다
창문을 닫으려
베란다로 갔다가

서늘한 바람과 함께
둥근 보름달 바라보고 있으니
어디선가 들려오는
귀뚜라미 울음소리
애처롭게 들린다

어린 시절 가을밤이면
마음속에 작은 별처럼
고요히 박혀있던
그리움들이 솟아오른다

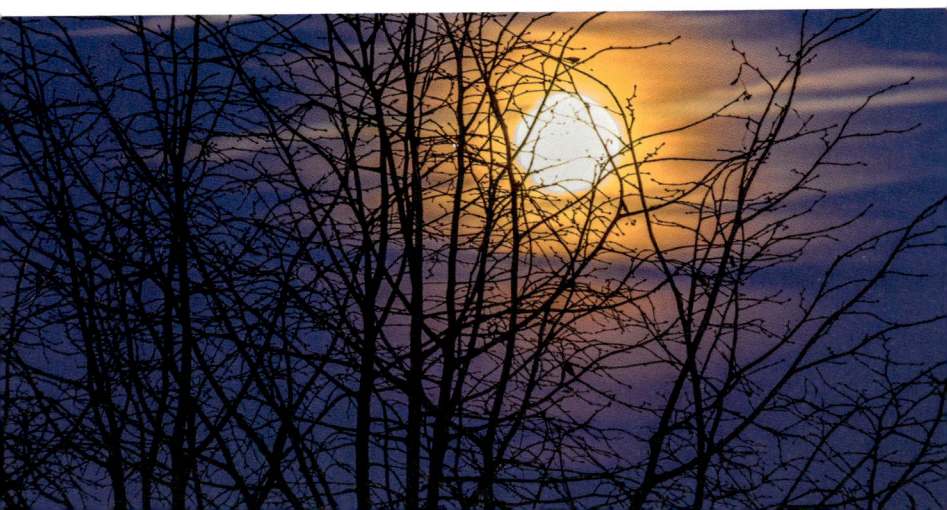

가을비

웰빙 그리고 힐링이
샘솟는 산골 아침에
가을비가 추적추적 내린다

구불구불 이어지는 산길을
토닥토닥 떨어지는
빗소리에 발을 맞춰
타박타박 홀로 걸으니,

안개는 산속 숲을 떠돌고
계곡의 물줄기는
힘차게 흘러간다

고향 집에서

이른 아침부터
지저귀는 새소리에
잠에서 깼습니다

텃밭엔 무와
배추가 자라고
장독들 사이사이로
코스모스가 피었습니다

바람은 나뭇잎 사이로 속삭이고
집 앞의 강물은 옛 추억을 싣고
말없이 흘러흘러갑니다

도라지꽃

영롱한 아침 햇살에
보랏빛 꽃망울 터트린
도라지 꽃이
얼마나 아름답던지

도라지꽃 보고 있으면
소녀 시절 추억으로 물든다

가장 예쁜 나의 소녀 시절,
무심한 세월 열차 떠나가고
소녀에서 엄마로 변해가네

김밥

남편과 두 아들이
김밥을 좋아해서
나는 오늘도 압력솥에
고슬고슬 밥을 지어
참기름, 깨소금 솔솔 뿌려

아삭아삭한 오이와
두툼한 햄과 단무지, 계란지단
김에 돌돌 말아 김밥을 싼다

조금 번거롭고 힘들었어도
가족들이 맛있게 먹으니
보기만 해도 흐뭇하다

옛 친구

바닷가 갈대숲을
도란도란 얘기 나누며
걸었던 옛 친구가
오늘따라 보고 싶다

어릴 때부터 함께
동고동락해 온 친구,
멀리 시집가서 잘 볼 수 없지만
무소식이 희소식이겠지
그러면서 살아야지

세월은 야속하기만 하고
옛 친구도 많이 변했겠지,
내가 변한 것처럼
보고 싶다, 옛 친구야

고추잠자리

고추잠자리 하늘과 땅 사이를
파도처럼 휘저으며 날아다니고,

쪽빛 하늘 아래
흰 구름 둥실둥실
떠다니는 걸 보니
가을이 오고 있음을 직감한다

세찬 폭우에
우아한 자태를 잃어버린
연꽃을 위로하듯,
빨간 고추잠자리 한 마리가
꽃잎 위에 내려앉는다

잠시 쉬었다 가세요

몸도 마음도 힘들 땐
잠시 쉬었다 가세요

인생길 살다 보면
어디 순탄한 길만 있으랴

때론 고갯마루에 앉아
눈물을 흘릴 때도 있고
때론 까닭 모를 서러움에
목이 멜 때도 있더라

힘들 땐 쉼터에 앉아
토닥토닥 위로하며
잠시 쉬었다 가세요

빈 의자

무거운 마음으로
아침 산책길에 나선다
숲길에 놓여 있는 빈 의자 하나,
무거운 마음 내려놓고
잠시 쉬어 가라 한다

햇살이 빈 의자에 내려앉는다
어디론가 길을 나선
바람 한 자락도 잠시 쉬었다 간다

들풀이 몸을 뉘여본다
힘들고 지치면 쉬었다 가라고
빈 의자가 기다리고 있다

지리산 아침 풍경

아침 물소리에 잠에서 깼다
일어나자마자
커피 한 잔을 타서 베란다
창문을 활짝 열었다

천왕봉 태양이 눈부신
자태를 드러낼 무렵
어찌 경이와 감탄이 없을 것인가

광대무변하게 펼쳐진 산자락,
여인네 치마 주름처럼
아름답게 휘감고는 능선 위로
끝없이 펼쳐진 가을 하늘은
옅은 구름으로 덮여있다

하늘

아버지는 비 오고 바람 불면
하늘을 쳐다본다
바다에 나가 고기를 잡아
생계를 꾸려 가는데
답답한 마음에 하늘을 본다

어머니는 힘든 일이 생기면
하늘을 쳐다본다
"하느님" 하시며 눈물을 흘리신다

나는 학교 가는 십 리 자갈길을
터벅터벅 걸어오면서
목마르고 배고프면
하늘을 쳐다본다
산 밑 오두막집에 사는
우리 식구들은 하늘을 보고 산다

공격적인 사람

독이 찬 뱀처럼
무슨 말만 하면
공격적으로 대드는 사람이 있다

사나운 말투로
시시비비를 따지며
싸우려고 하는 사람이 있다

그렇게 살다 보면
주위의 모든 사람 떠나고
나 홀로 외로운 섬이 된다

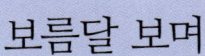

보름달 보며

휘영청 밝은 보름달 보며
그리운 사람 잘 지내고 있는지
안부를 묻습니다

멀리 그대가 있는 곳도
오늘 밤 달이 뜨겠지요

속죄하는 마음으로
고개 숙이고 걷는데
달이 뒤따라오며
같이 걷자고 하네요

처서

오늘이 처서
호랑이 장가가는가
비가 내리다
햇볕이 쨍하고 비치다
변덕스러운 날씨다

베란다 문 열고 밖을 내려다보니
시원한 바람이 살갗을 스치고
나무들은 덩실덩실 춤추고
풀벌레 소리 요란하다

가을이 코앞이다
여름아 잘 가라

시를 쓰자

메마른 겨울처럼
나의 감성도 점점
메말라 가지만

좋은 시 한 편 쓰고 나면
오래도록 행복하다

독자들에게 공감이 가고
감동을 주는 시를 쓰자

우울한 날에는
슬픈 시를 쓰고
행복한 날에는
사랑의 시를 쓰자

say what you have to say
under a mosaic of music
and glitter, old rehashed
words with new meanings
to drive home the hurt
along my west highway.
bring on the hurt, your
warped version of my
cunning ways. but not
with words, rhymes,
streams of consciousness,
none of that bullshit.
you should've played
me like a piano,
not a used up broken-
stringed guitar.

내 사랑은

내 사랑은
첫사랑 풋풋한 설렘부터
마지막 사랑 아련함까지
영원토록 함께했으면

내 사랑은
주어도 주어도 아깝지 않은
아낌없이 퍼주는 사랑이었으면

내 사랑은
힘들 땐 서로 의지하고
아플 땐 서로 간호해 주는
고운 인연, 진실한 사랑이었으면

외로움

외롭고 쓸쓸한 계절,
문득 혼자라고 느낄 때
커져가는 외로움과 공허함

밤에 불을 켜두거나
둥근 보름달을 보며
외로움을 달랜다

사랑할 때도 이별할 때도
외로움은 시도 때도 없이
가슴 시리게 찾아온다

구월을 기다리며

은은하게 비치는
둥근 보름달 바라보며
소원 하나 빌어 보고 싶다

구월이여, 부드럽고
슬픈 듯한 바람을 데리고
우리 곁으로 빨리 와주오

한들거리는 코스모스 길을
노란 바바리코트 걸치고
가을 속으로 걸어가고 싶다

삶이란

삶이란, 인생이란 너무 짧아서
행복하게 살기도 부족하다

자기 자신이 어떤 향기를 풍기며
살아가고 있는지
스스로 맡아보고
좋은 말과 향기를
지니고 살아가라

자신이 짊어져야 할
삶의 무게를 의연하게 감당하며
비우고 나누고 잘 쓰일 수 있는
삶을 살아가길 바란다

마라도

어딜 봐도 탁 트여있는 곳
어딜 봐도 막힌 것 하나 없이
가슴이 뻥 뚫린 곳

사부작사부작 걷다 보면
'여기서 누가 살까?'
느껴지는 작은 건물 하나,
마라도와 어울리는 귀여운 성당

멀리서 보면 거북이 같기도 하고
달팽이 같기도 하다
자연만큼 아름답고
위대한 건 없구나
새삼 느끼며 넋 놓고 바라본다

이별

이별은 늘 찾아오는
인생사 만났으니
헤어지는 건 당연한 이치인데

왜 이렇게 가슴이 아프고
하루에도 몇 번씩
울컥울컥 눈물이 나는가

이별은 아프고,
눈물로 날이 저물고,
슬픔으로 달이 진다

태풍

태풍 종달이로 인해
강한 바람과 함께
많은 비가 내리고 있다

작은 아들은 벼락으로 인해
장성 물류 센터 전화받고
밤 11시에 나가
아침이 되도록 돌아오지 않는다

뜬눈으로 밤을 지새우고
밖으로 나가보니
무더기로 떨어진 나뭇잎들,
태풍의 위력이 대단하다

가을이 오고 있다

하늘하늘 춤추는
길가의 코스모스 길,
귀뚜라미 울음소리에
가을이 오고 있다

농부의 구슬땀 먹고 자란
알알이 영글어 가는
벼들 바라보니
가을이 오고 있다

허물어진 돌담 너머로
그 집 앞의 대추나무에
주렁주렁 사랑이 걸려
가을이 오고 있다

석굴암

울긋불긋 아름다운
단풍들이 수놓은
천년고찰 석굴암

하늘은 끝없이 높고
흰 구름 뭉실뭉실 떠다니는
파란 가을 하늘 눈부시다

은은한 미소로 눈 감고 계시는
물같이 잔잔하고 부드러운 얼굴,
천년의 숨결 돌부처
여유롭고 넉넉하다

청풍호

그림같이 펼쳐져 있는
아름다운 청풍호,
강가에 배 한 척
세월을 잊은 채 정박해 있다

맑은 물과 푸른 호수,
짤랑대는 청풍호 은빛 물결,
월악산의 산자락도
겹겹이 아름다운 모습이로다

간혹 시원한 바람에
흔들리는 풍경 소리
내 마음 신선이 되는 듯하도다

입추

가을 문턱이라는 입추,
아직은 폭염으로
실감이 나지 않지만
계절은 어김없이 오고 간다

고향 하늘은 푸르고
밤도 익어가고
벼도 익어가는
가을을 기다리며

찜통 가마솥더위에
간밤에 열대야로 잠을 설쳐도
가을이 온다는 절기 입추다

말복

기록적인 폭염으로
도심 속은 찜질 사우나탕

오늘이 절기상 말복,
이젠 더위도 한풀 꺾이겠지
'덥다 덥다 이렇게 더울 수가'
투정을 부렸지만,

어느새 입추, 말복이 지나니
아침저녁으로 선들선들
가을이 다가선다

팔월의 뜨락

분꽃들이 활짝 피어
옹기종기 모여 앉아
깔깔거리고 웃고 있다

노란 해바라기는 하늘을 향하고
태양빛을 가득 담으며
마당을 비추고 있다

코스모스 닮은 금계국은
은은한 멋을 뽐내고
작두콩 꽃, 도라지꽃, 더덕꽃이
여름 끝자락을 붙잡고
이별의 노래 부른다

무소유

소유한다는 게 무엇일까
내려놓는다는 게 무엇일까

나는 다 내려놓고
공(空)이 될 수 있을까

"입안에 말이 적고,
마음에 일이 적고,
배 속에 밥이 적어야 한다"고
말씀하신

법정 스님처럼
나는 무소유로
살아갈 수 있을까

칠월의 단상

뽀얀 안갯속으로
칠월이 성큼 다가왔다

간간이 뿌려주는 장맛비가
풀잎들 반짝반짝 윤기가 난다

산 능선 넘어 굽이굽이
우리네 인생길처럼
높은 길이 있으면
낮은 길도 있으리라

이제는 욕심 내려놓으리라
돌아갈 길 가벼이 하는
연습이 필요하니까

파도를 보며

무섭게 몰아치는 파도를 보며
열정적으로 살아온
내 젊은 날의 욕망을 본다

갈매기 긴 날개로 춤을 추고
거센 파도가 몰아치면
하얀 포말의 애틋한 몸짓이 있다

심오한 깊이를 품은 너를 보며
내 인생의 깊이를 가늠해 본다

여수 여행

하루해가 꼴깍 넘어가면서
벌겋게 달아오른 얼굴
바다에 담금질한다

오동도 기슭에
물새 한 마리 날아오른다
날개를 퍼덕일 때마다
동백꽃 후드득 떨어진다

멀리서 찰랑찰랑 물소리 들린다
여수 바다 위를 오고 가는 크루즈
눈앞에 별천지 예쁘다

엄마 우리 여행 가요

엄마, 숙경이 동생,
퇴직하면 미자 동생이랑
우리 같이 여행 가요

제주도에 가서 푸른 바다도 보고
맛있는 음식도 먹고
카페에 가서 커피도 마시고
산방 탄산 온천에 가서
몸 담그고 세월도 잊어봐요

봄꽃같이 예쁜
엄마 얼굴 보며
우리 행복한 여행 떠나요

시골 길

삽 한 자루 둘러매고
논밭 길을 터벅터벅 걸어가시던
아버지의 울퉁불퉁 자갈길

하나지 잔등 고갯길 넘어
새벽 예배드리고 오시던
오르막 내리막
어머니의 간절한 길

흙먼지 펄펄 흩날리는 신작로 길,
까르르까르르 웃음소리 들리던
소녀들의 등하굣길

농부의 삶

여름의 들녘에 서서
소녀 같은 감성으로
짙푸른 들판 바라본다

높은 하늘과
끝없는 지평선,
곡식들의 숨소리 들리는 듯하다

벼가 익어가고
자연에 순응하며
순리대로 살아가는 농부의 삶

구절초

산길에 외롭게 핀
가을 여인 구절초

살랑살랑 불어오는
바람결에 그윽한 향기
내 발길 사로잡는다

소박하면서도 단아한 자태,
하얀 저고리 연두색 치마 입고
어여쁜 자태로 다가오는
우리 어머니 모습 같아라

무더위

한낮 쏟아지는 햇살은
자글자글 끓듯이 뜨겁다

숨이 턱턱 막힌다
조금만 움직여도
땀이 줄줄이 흐른다

낮엔 찜통 더위에 녹초가 되고
밤엔 열대야로 파김치가 된다

반짝 장마 끝에 엄습한
무더위 전국이 펄펄 끓는다

그 섬에 간다

주인 없는 등대에
희망의 등불을 켤 수 있는
나에게도 마음에
섬 하나 있다

굴곡진 인생길에
크고 작은 파도처럼
묵묵히 살아온 지난 세월

육십이 넘은 나이에
설레는 마음으로
나 혼자 그 섬으로 간다

고향 집에서

뒷산에 매미들 노랫소리
왁자지껄하고
파도가 넘실넘실 춤추는
내 고향 무안으로 달려간다

집 앞 바다에서
어머니 바지락, 꼬막 캐시고
옹기종기 모여있는 작은 섬들

갈매기처럼 노래 부르며
꿈에도 그리운 내 고향에서
즐거운 휴가를 즐긴다